Entdecken und verstehen

Der Odilienberg

Jean-Marie LE MINOR & Alphonse TROESTLER

I.D. L'ÉDITION

01 Die geographische Lage

Das Sankt-Odilien-Kloster, ehemals Hohenburg, wurde bereits 1840 unter Denkmalschutz gestellt und liegt auf dem Gebiet der Gemeinde Ottrott (Bezirk Rosheim) auf 763 Metern Höhe.

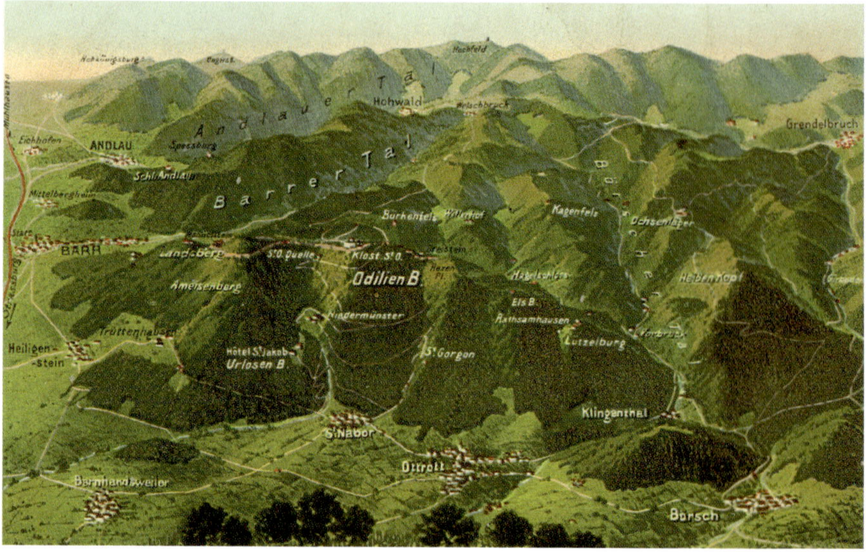

Das Bergmassiv des Odilienbergs, in einer Darstellung um 1900, wird im Süden vom Barrer Tal (Kirneck), im Norden vom Boerscher Tal (Ehn) und im Osten vom Vorhügelland begrenzt.

Geologie: das Puddingkonglomerat des Odilienbergs 02

Die Felsplatte des Bergmassivs des Odilienbergs, auf der unter anderem die verschiedenen Gebäude des Klosters errichtet wurden, ist ungefähr 20 m hoch. Sie besteht aus Buntsandstein, der sich aus altem verhärtetem Sand bildete, besonders viele weiße oder graue Kiesel enthält und von den Geologen als "Haupt- oder Puddingkonglomerat" des Odilienbergs bezeichnet wird.

03 Die Heidenmauer

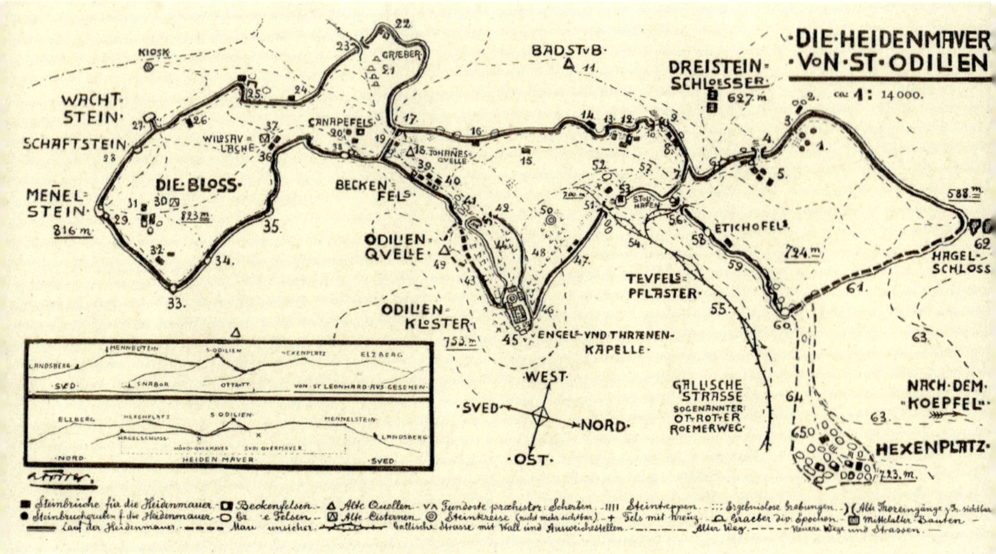

Grundriss der Heidenmauer, gezeichnet vom Archäologen Robert Forrer (1866-1947) für sein Buch "Die Heidenmauer von St. Odilien" (1899).

Die Heidenmauer und das Kloster um 1900.

Der Odilienberg war bereits in vorgeschichtlicher Zeit bewohnt. Die außergewöhnliche **Heidenmauer**, welche mehr als 10 km lang, 1,6 bis 1,8 m breit ist, und ursprünglich 3 bis 5 m hoch war, ist nördlich der Alpen einzigartig. Sie wurde bereits 1840 unter Denkmalschutz gestellt. Trotz zahlreicher archäologischer Forschungsarbeiten, bleiben die Epochen, in denen diese Mauer errichtet und umgebaut wurden weiterhin rätselhaft. Genau wie ihre entweder politische, religiöse oder zur Verteidigung dienende Zweckbestimmung. Für einige reicht sie zurück in die späte Bronzezeit (1200 bis 800 vor Christus). Jüngeren Nachforschungen zufolge könnte sie eher aus der Merowingerzeit (7. Jahrhundert nach Christus) stammen und so in Beziehung zur Residenz des Herzogs auf dem Berggipfel stehen.

Die Heidenmauer besteht aus großen, übereinander gesetzten Sandsteinblöcken, genannt "Zyklopenverband". Die Blöcke weisen charakteristische Vertiefungen auf, in die Klammern aus Eichenholz in doppelter Schwalbenschwanzform eingesetzt waren, welche den Zusammenhalt der Mauer verstärkten. Die seltenen Originalklammern die gefunden wurden, konnten auf das 7. und 8. Jahrhundert datiert werden. Allerdings ist ungewiss, ob es sich um Klammern aus der Zeit der Erbauung oder einer Renovierungsphase handelt.

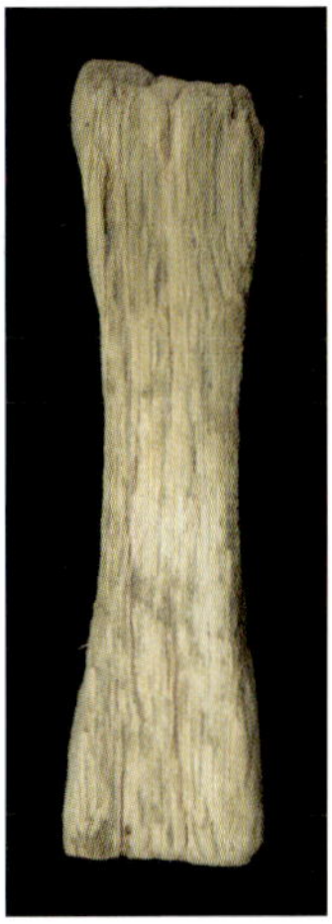

Chronologische Anhaltspunkte

Um 680: Gründung der Abtei Hohenburg durch die heilige Odilia

720: Tod der heiligen Odilia (Fest am 13. Dezember)

Nach 720: Die heilige Eugenia, eine Nichte von Odilia, wird zur zweiten Äbtissin von Hohenburg

1045: Bruno von Eguisheim (der zukünftige Papst Leo IX. im Jahr 1049) weiht die neue Abteikirche

Um 1150: Relindis († 1176) wird zur Äbtissin von Hohenburg

1153: Besuch von Kaiser Friedrich I., Barbarossa (um 1122-1190) (Dynastie der Hohenstaufen)

1176: Herrad, von Landsberg genannt, wird Äbtissin von Hohenburg; sie wird berühmt als Autorin des Manuskripts *Hortus Deliciarum*

1178: Die Prämonstratenser von Etival sollen Hohenburg versorgen und lassen sich in Sankt-Gorgon nieder

1200, 1224, 1277 und 1301: Brände und Wiederaufbau der Abtei

1354: Besuch von Kaiser Karl IV. (1316-1378) in Hohenburg

1400 und 1473: Brände und Wiederaufbau der Abtei

1546: Brand, der Hohenburg zerstört und das Ende der Frauenabtei bedeutet

1605-1617: Wiederaufbau von Hohenburg durch die Prämonstratenser

1618-1648: Dreißigjähriger Krieg und Invasion der Schweden (1632-1648)

1648: Westfälischer Frieden, bei dem ein Großteil des Elsass französisch wird

1649-1650: Rückkehr der Prämonstratenser nach Hohenburg

1681: Brand der Abtei; Straßburg wird eine französische königliche Stadt

1682-1692: Wiederaufbau der Abtei durch die Prämonstratenser

1734-1738: Bau des Pilgerhauses (heutiges Eingangsgebäude des Klosters, Sankt-Leo genannt)

1791: Verkauf der Abtei Hohenburg als Nationalgut im Zuge der Französischen Revolution

1796: Rückkauf durch den Kanoniker François Louis Rumpler (1730-1806), Eigentümer bis 1806

1806-1853: Abfolge mehrerer privater Eigentümer

1853: Kauf durch Mgr André Raess (1794-1887), Bischof von Straßburg

1853-1864: Der Generalvikar Nicolas Schir (1794-1864) wird zum 1. Direktor

1853: Ankunft der Schwestern der Kongregation der Barmherzigen Franziskaner von Reinacker

1870-1918: Das Elsass wird wieder zu einer deutschen Provinz

1889: Ankunft der Schwestern der Kongregation des Heiligen Kreuzes

1923-1953: Mgr Joseph Brunissen (1884-1953), Direktor des Odilienbergs

1931: Offizielle Einsetzung der Ewigen Anbetung im Sankt-Odilien-Kloster

1988: Besuch von Papst Johannes Paul II. (1920-2005)

2006: Umfangreiche Umbau- und Renovierungsarbeiten; die Kirche des Sankt-Odilien-Klosters wird in den Rang einer Papstbasilika erhoben

2015: Auszug der Ordensschwestern de la Croix und Einzug der Schwestern von Sankt-Markus aus Gueberschwihr

Eticho und Bereswinde, die Eltern von Odilia

Die Ursprünge des Klosters von Hohenburg gehen zweifellos auf die von den Königen von Asutrasie ernannten fränkischen Herzögen zurück. Sie sollten höchstwahrscheinlich die östliche Region des Königreiches zwischen den Vogesen und dem Rhein überwachen. Eticho (= Etichon = Attic[us] = Adalric[us]) († um 700) war der erste dieser Herzöge und regierte das Elsass um 675-680. Odilia, Tochter von Eticho und Bereswinde († um 690), sei mit der Leitung der Abtei von Hohenburg beauftragt worden die, der Tradition gemäß, um 680 an der Stelle der väterlichen Burg, gegründet wurde. Um 700, habe Odilia das Kloster in Niedermünster gegründet, "Das untere Kloster" (siehe Nr. 42).

Wandgemälde von Charles Spindler (1865-1938), der auch die Holzintarsien des Kreuzwegs in der Basilika gestaltet hat (siehe Nr. 32). Die Freske befand sich ehemals auf der Höhe des heutigen Kiosks am Parkplatz und ziert nun den Speisesaal Sankt-Leo IX.

Der Sarkophag soll der Überlieferung zufolge der von Eticho (und Bereswinde) sein. Er stammt wahrscheinlich erst aus dem 12. Jahrhundert und befindet sich seit 1753 in der Kreuzkapelle.

05 Das Leben der heiligen Odilia

1 2 3 4 5 6

Das Leben der heiligen Odilia ist größtenteils legendär überliefert; sie soll um 660 geboren und 720 gestorben sein. Die älteste bekannte Schrift, die vom Leben der heiligen Odilia berichtet, die *Vita Sanctae Odiliae*, befindet sich in der Stiftsbibliothek in Sankt Gallen (Schweiz). Der Text wurde wahrscheinlich um 900 von einem der Ordensbrüder von Hohenburg gemäß der mündlichen Überlieferung verfasst. Ein in einer Straßburger Weberei um 1470-1480 angefertigter Wandteppich, ist die älteste bildliche Darstellung des Lebens der Heiligen. Der 90 x 436 cm große Wandteppich, wurde später in zwei Teile getrennt. Er zeigt 13 Szenen aus dem Leben der heiligen Odilia (Lyzeum Sankt-Stephan, aufbewahrt im Musée de l'Œuvre Notre-Dame in Straßburg). 1899 wurde davon eine Kopie für den Odilienberg angefertigt.

1. Die Geburt von Odilia. Ihre bettlägerige Mutter Bereswinde reicht das eingewickelte Neugeborene einer treuen Dienerin, um es einer Amme anzuvertrauen und so vor dem Zorn ihres Gatten Eticho zu schützen. Dieser hatte auf die Geburt eines Sohnes gehofft und befohlen das Mädchen, das dazu noch blind war, zu töten.

2. Die Taufe von Odilia. Bei ihrer Taufe durch Bischof Erhard, soll Odilia ihre Sehkraft wieder erlangt haben. Die Szene zeigt einen Säugling, obwohl sie wahrscheinlich erst während ihrer Kindheit getauft worden ist.

3. Die Rückkehr von Odilia. Als Odilias Bruder Hugo erfährt, dass seine Schwester lebt und ihr Augenlicht wieder erlangt hat, bittet er sie, sich ihrem Vater Eticho vorzustellen. Odilia ist, in einer von zwei Pferden gezogenen Kutsche, unterwegs zur väterlichen Burg. Eticho, mit der herzoglichen Krone geschmückt, voller Zorn dem ihm entgegenbrachten Ungehorsam gegenüber, droht seinen Sohn mit einem Stock zu erschlagen.

4. Hugos Tod. Odilias Bruder liegt mit nacktem Oberkörper auf seiner Ruhestätte. Am Fußende, zeigt sein Vater Eticho, erkenntlich an seiner Herzogskrone, Reue. An seiner Seite, seine Gattin Bereswinde.

7	8 - 9 - 10	11	12	13

5. Die barmherzige Odilia. Eticho überrascht seine, von nun an mit einem Heiligenschein dargestellte, Tochter Odilia, als sie den Armen Essen bringt. Die befestigte Stadt im Hintergrund ist Oberehnheim.

6. Die Schenkung der Hohenburg. Herzog Eticho überreicht seiner Tochter Odilia einen Schlüssel. Symbol der Schenkung seiner Burg, zur Gründung eines Klosters.

7. Tod von Eticho. Der Herzog liegt mit nacktem Oberkörper auf seiner Ruhestätte, trägt aber immer noch die Krone. Am Fußende, seine Tochter, die heilige Odilia und seine Gattin Bereswinde mit der Herzogskrone.

8. Odilia betet für das Seelenheil ihres Vaters. Die heilige Odilia kniet vor einem Altar an dessen Fuße zwei Augen zu sehen sind. Die Seele ihres Vaters Eticho wird von einem Engel dem Fegfeuer und den Flammen der Hölle entrissen.

9. Der Erbau des Klosters. Odilia steht vor der Baustelle der Hohenburg. Eine Erscheinung von Johannes dem Täufer, dargestellt mit einem Heiligenschein, zeigt ihr die Stelle, an der ihm zu Ehren eine Kapelle errichtet werden soll. Eine von zwei Ochsen und mit Steinen beladene Karre wird, wie durch ein Wunder, in der Nähe einer Quelle vom Sturz in den Abgrund gerettet.

10. Gründung des Klosters von Niedermunster durch Odilia. Sie pflanzt hier drei Lindenbäume.

11. Odilia im Gebet. Als sie ihren nahenden Tod fühlt, betet Odilia vor dem Altar der Kapelle des heiligen Johannes des Täufers auf Hohenburg.

12. Das Wunder der Kommunion. Die heilige Odilia erwacht für einen kurzen Moment erneut zum Leben, um von einem vom Himmel herabsteigenden Engel die heilige Hostie zu empfangen.

13. Die Grablegung der heiligen Odilia. Sie wird von ihren Mitschwestern in den Sarkophag gelegt. Ein Priester spricht das Totengebet.

Kupferstich von J.M.Weiss im Werk von J.A. Silbermann "Beschreibung von Hohenburg oder dem Sanct-Odilienberg", erschienen 1781.

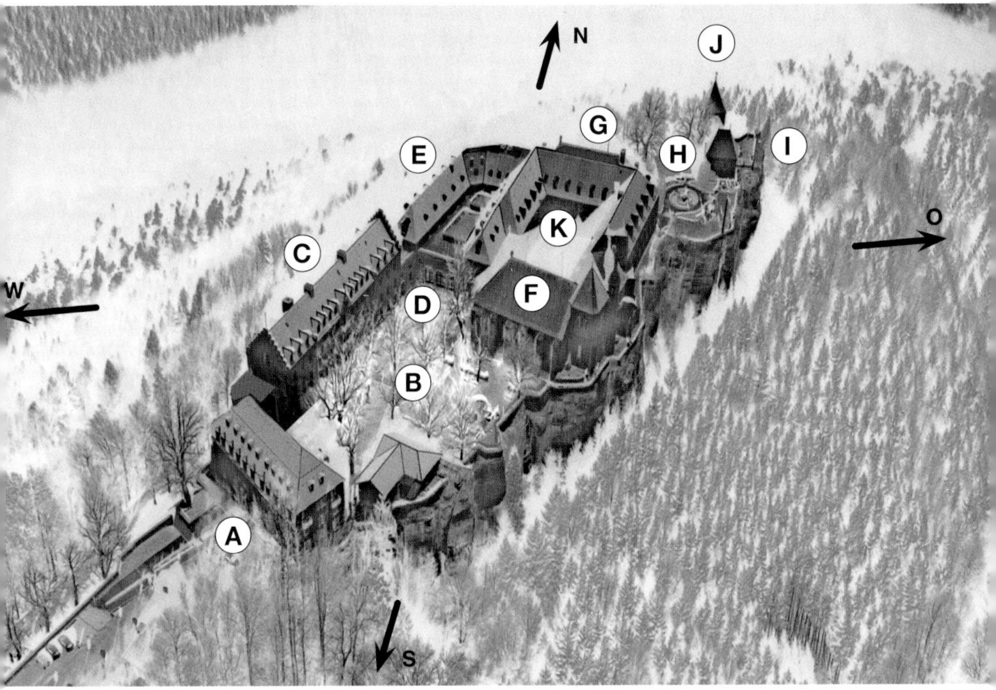

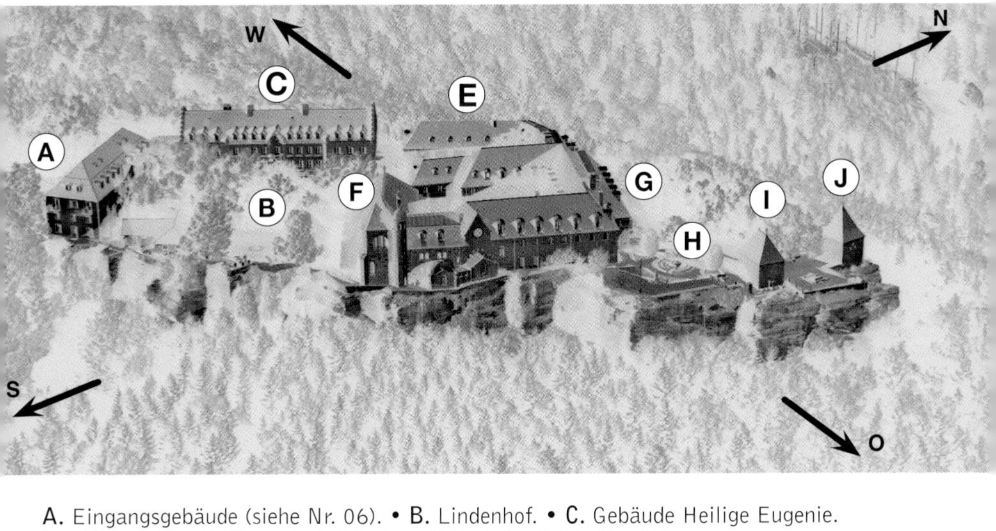

A. Eingangsgebäude (siehe Nr. 06). • B. Lindenhof. • C. Gebäude Heilige Eugenie.
D. Pilgersaal. • E. Herrade-Gebäude. • F. Basilika (siehe Nr. 08).
G. Ehrengebäude (siehe Nr. 11). • H. Terrassen (siehe Nr. 12).
I. Tränenkapelle (siehe Nr. 14). • J. Engelskapelle (siehe Nr. 16). • K. Klosterhof.

06 Das Eingangsgebäude

Das Eingangsgebäude, welches quer über der Felsplatte vor den ehemaligen Klostergebäuden verläuft, wurde von 1734 bis 1738 als Pilgerhaus errichtet; 1899 kam ein weiteres Obergeschoss hinzu. Die Inschrift in Latein (siehe oben) über dem Eingangstor, wird wie folgt übersetzt: "Hier glänzte und regiert für immer die heilige Äbtissin Odilia, Mutter des Elsass".

Photographie um 1897.

Das Denkmal zu Ehren des heiligen Johannes Paul II 07

Der Besuch von Papst Johannes Paul. II auf dem Odilienberg am 11. Oktober 1988, war ein außergewöhnliches Ereignis. Er zeugt von der Lebendigkeit der Wallfahrtsstätte und bekräftigt die Beständigkeit dieses elsässischen Ortes der Spiritualität im Herzen Europas. Im Anschluss an diesen Besuch, wurde das Denkmal am Eingang zum Pilgerhof errichtet, mit einem Bronzemedaillon von Gérard Ambroselli (1906-2000).

Karol Jozef Wojtyla (1920-2005), geboren in Wadowice in Polen, war Träger der Papstwürde unter dem Namen Johannes Paul II. von 1978 bis zu seinem Tod. Nach seiner Seligsprechung 2011, wurde er 2014 heiliggesprochen. Eine Reliquie des heiligen Johannes Paul II. wird zurzeit in der Odilienkapelle gezeigt (siehe Nr. 24-25).

Die Basilika Unserer-Lieben-Frau 08

Die der Jungfrau Maria geweihte Konventkirche, wurde 2006 von Papst Benedikt XVI. in den Rang einer Pontifikalbasilika erhoben (ein vom Heiligen Stuhl verliehener Ehrentitel als Auszeichnung einer Kirche, zu der zahlreiche Gläubige auf Pilgerschaft kommen). Sie steht unter Denkmalschutz (1840 und 1997). Der untere Teil der Mauern des Kirchenschiffs, bis hin unter die Fenster, scheint im romanischen Verband gehalten zu sein. Die fünf großen gotischen Fenster und das entsprechende Mauerwerk, stammen wahrscheinlich aus dem 15. Jahrhundert oder der Zeit der Renovierung durch die Prämonstratenser im 17. Jahrhundert. Die massiven Strebepfeiler gehen zurück auf das späte 17. Jahrhundert; die Fassade mit dem Eingangsportal wurde im Jahr 1719 errichtet. Der Glockenturm wurde im Jahr 1923-1924 gebaut (siehe Nr. 29-35).

Die Basilika zur Zeit der Prämonstratenser. Detailansicht eines Kupferstichs von J.M. Weiss aus dem 1781 erschienen Werk von J.A. Silbermann.

09 Das Aussichtstürmchen

Ansicht der Ostfassade im Jahr 1839. Zeichnung von François Xavier Sandmann (1803-1856), lithographiert von Théodore Muller (1819-1879).

Das Aussichtstürmchen, gleichzeitig mit dem Glockenturm 1923-1924 erbaut, grenzt an die nordöstliche Ecke des Kirchenschiffs und den Glockenturm der Basilika an. Es wird von einer Kuppel und einer Statue der heiligen Odilia, die die Ebene segnet (ein Werk von A. Klem, siehe Nr. 10), überragt. Im Vergleich zur ursprünglichen Gestaltung, wurde der visuelle Aspekt dieses äußersten Endes der östlichen Klosterfassade, durch wiederholte und umfangreiche Umbaumaßnahmen, verändert. Im Jahr 1870, wurde ein zweites Fachwerkgeschoss mit Pultdach gebaut, mit zusätzlichen Zimmern für die Pensionsgäste (siehe gegenüber). 1936-1937, unter der Leitung von Robert Danis (1879-1949), leitender Architekt des Amtes für Denkmalschutz, wurde das Fachwerkgeschoss abgerissen und die Fassade erhielt ihr jetziges Aussehen.

Photographie um 1925.

10 Die Statue der heiligen Odilia von Alfred Klem

Die Monumentalstatue der heiligen Odilia, die die Rheinebene segnet, ungefähr 4 m hoch ist und die Kuppel des Aussichtstürmchens überragt, wurde 1923-1924 vom Alfred Klem (1872-1948), dem Leiter der Bildhauerwerkstatt des Straßburger Münsters, ausgeführt.

Das Ehrengebäude

Photographie um 1910. Ein Anbau, welcher die Großküchen und die Anrichtezimmer beherbergte und im späten 19. Jahrhundert errichtetet worden war, wurde um 1930 von R. Danis abgerissen; genau wie das 1870 gebaute zweite Obergeschoss aus Fachwerk.

Das Ehrengebäude veranschaulicht die Aufsehen erregenden Umbauarbeiten, die von 1932 bis 1934 auf Wunsch von Mgr Charles Ruch und Mgr Joseph Brunissen, vom Architekten Robert Danis (1879-1949) an dieser Stelle vorgenommen wurden und sich an den klassischen Stil des 17. Jahrhunderts anlehnten. Es nimmt den nördlichen Flügel der von den Prämonstratensern im Jahr 1702 wiederaufgebauten Klostergebäude ein. Im Erdgeschoss des Gebäudes befindet sich der Speisesaal Sankt-Leo IX.

12 Die Terrassen

Die Terrassen nahmen, aufgrund ihrer außergewöhnlichen Lage, die Ebene überragend und dem Sonnenaufgang zugewandt, zweifelsfrei einen bevorzugten Platz seit der Vorgeschichte, und während dem Bau der Heidenmauer, ein. Hier befinden sich zwei romanische Kapellen, die Tränenkapelle und die Engelskapelle, ein außergewöhnliches gnomonisches Denkmal, sowie das Kreuz mit dem Herzen von Mgr Ruch (siehe Nr. 13-19).

"Die Terrasse des Odilienbergs", ein Aquarell von Charles Spindler (1865-1938), Künstler des Portraits der Eltern der heiligen Odilia (siehe Nr. 04) und des Kreuzwegs der Basilika (siehe Nr. 32).

Ein außergewöhnliches gnomonisches Denkmal, fälschlicherweise die Sonnenuhr genannt obwohl es mehrere Sonnenuhren beinhaltet, steht seit 1935 auf der großen Terrasse. **Gnomonie** ist die Kunst des Baus von Sonnenuhren (vom griechischen *gnomon*, Gerät das die Uhrzeit anzeigt, Sonnenuhr). Das im 18. Jahrhundert erbaute Denkmal stammt aus der ehemaligen Abtei Neuburg bei Hagenau (Gemeinde Dauendorf, Kanton Hagenau, Bas-Rhin), wo es erdacht und bis zur Revolution aufbewahrt worden war.

Die **Basis**, ein zylindrischer Monolith, wurde erst 1935 gebaut. Sie trägt das eingemeißelte Wappen von Mgr Charles Ruch (siehe Nr. 19), sowie den lateinischen Spruch: "ASPICIS VMBRA FVGAX / NOSTRAS VT / TEMPERET HORAS // VMBRAS VMBRA REGIT / PVLVIS ET / VMBRA SVMVS" ("Du siehst dass der fliehende Schatten unsere Stunden anzeigt. Ein Schatten regelt die Schatten. Wir sind Staub und Schatten").

Über dem zylindrischen Teil befindet sich ein **Piedestal** dessen Mittelpunkt, oder Würfel, einem fast kubischen Teil entspricht, auf den vier für die Geschichte der Abtei Neuburg bedeutende Wappen eingemeißelt sind. Über dem Piedestal befindet sich ein kleiner, würfelförmiger Block. Auf der Südseite ist das Wappen von François Joseph Specht eingemeißelt (1707-1777), von 1760 bis 1777 Abt von Neuburg und Auftraggeber dieses gnomonischen Denkmals.

Der **gnomonische Teil** an sich besteht aus einer Rhombicuboctaeder (Polyeder mit achteckigem Schnitt und 26 Seitenflächen, 18 Vierecke und 8 Dreiecke) mit 24 eingemeißelten Sonnenuhren welche die Zeit in verschiedenen geographischen Regionen der Welt anzeigen.

Auf einer darüber liegenden **Kugel auf der Spitze**, sind die klassischen Namen der Winde verzeichnet, die seit der Antike beschrieben werden.

14 Die Tränenkapelle

Aus dem 12. Jahrhundert stammend und im romanischen Baustil errichtet, war die Tränenkapelle beim Rückkauf des Klosters durch das Bistum im Jahr 1853 äußerst baufällig. N. Schir ließ sie in den Jahren 1855-1856 im neoromanischen Stil vollständig wiederaufbauen. Ihre Pforte, ursprünglich nördlich gelegen, wurde damals in der Westfassade, die durch ein Zweilichtfenster durchbrochen und mit einem dreieckigen Giebel mit Vierpass-Rundfenster ausgezeichnet war, angelegt. Das heutige Aussehen ist das Ergebnis der beträchtlichen Umgestaltungsarbeiten des Architekten R. Danis, von 1932 bis 1934. In Anlehnung an ihr als ursprünglich betrachtetes Aussehen im 18. Jahrhundert, entfernte er den dreieckigen, im Jahr 1855-1856 unter der Leitung von Nicolas Schir-gebauten Giebel, und errichtete ein vierkantiges Dach (Mosaik im Inneren, siehe Nr. 18).

Am Fuße des Altars, schützt ein Gitter eine Aushöhlung im Felsen. Der Überlieferung zufolge, soll sie von den Tränen der heiligen Odilia gegraben worden sein, als sie sich für das Seelenheil ihres Vaters einsetzte (daher der Name: Tränenkapelle). Einige Autoren sahen in ihr einen heiligen Becher, der bereits mit einem prähistorischen Kult in Verbindung stand, aber es handelt sich nur um eine im Laufe der Jahrhunderte von den Pilgern ausgehöhlte Vertiefung.

Die in den Fels gehauenen Gräber 15

Im Laufe der Umbauarbeiten der Terrassen, wurde eine ungefähr ein Meter dicke Erdschicht um die Tränenkapelle herum ausgehoben, um sie bis zu ihrem Felssockel freizulegen. Bei dieser Gelegenheit, 1930 und 1934, wurden in den Fels gehauene Gräber entdeckt. Die genaue Datierung dieser Gräber ist zwar nicht bekannt, liegt jedoch vor dem Bau der Tränenkapelle im 12. Jahrhundert, und könnte sogar in die merowingische Epoche zurückreichen. Ihre einzigartige Lage am Rande der Felsplatte, zur Ebene hin, wirft Fragen auf und war Anlass zu zahlreichen Interpretationen; einige sahen in ihnen die Gräber von Odilias Eltern, Eticho und Bereswinde, andere sogar das ursprünglich Grab der heiligen Odilia.

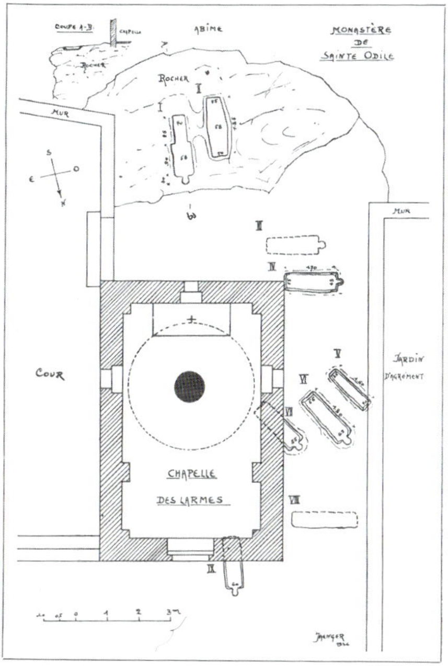

Plan von Fernand Jaenger (1877-1951) der die Beschreibung der Entdeckung illustriert ("Cahiers d'Archéologie et d'Histoire d'Alsace", 28, 1937, S. 163-166).

Selbst wenn einige in ihr, ohne Beweis, einen weitergenutzten römischen Wachturm erkennen, stammt die im romanischen Baustil gehaltene Engelskapelle aus dem 12. Jahrhundert. Sie soll früher dem Erzengel Michael geweiht gewesen sein. Die Lage der Engelskapelle am Rande der Felsplatte brachte ihr ebenfalls die Bezeichnung "hängende Kapelle" ein. Über der Eingangstür der Engelskapelle, befindet sich das teilweise mutwillig zerstörte Wappen des Erzherzogs Leopold von Österreich (1586-1632), Fürstbischof von Passau im Jahr 1598 und anschließend von Straßburg von 1608 bis 1625, sowie eine Inschrift in Form eines Chronogramms (siehe Nr. 17). Die leerstehende Engelskapelle wurde im Jahr 1858 unter der Leitung von Nicolas Schir (1794-1864) restauriert und für den Gottesdienst freigegeben. Sie wurde laut eines Chronogramms (siehe Nr. 17) im Jahr 1881, dank der Arbeit von sechs Brüdern, erneut restauriert. Die inneren Mosaike wurden 1935-1936 (siehe Nr. 18).

Photographie um 1910.

17 Die Chronogramme des Klosters

Ein Chronogramm ist eine lateinische Inschrift, in Prosa oder Versform, deren Buchstabensumme römischen Ziffern entspricht, die das Datum eines Ereignisses angeben (M=1000, D=500, L=50, X=10, V=5, I=1). Davon gibt es auf dem Odilienberg mehrere. Zwei dieser Inschriften befinden sich in der Kapelle Sankt-Attala und Sankt-Eugenia, die im Jahr 2006 im Speisesaal des ehemaligen überwölbten Refektoriums des Prämonstratenserklosters eingerichtet wurde. Im Jahr 1870, beim Abriss der Mauer, welche den ehemaligen Speisesaal von der Küche trennte, wurde ein Querträger aus Eisen entdeckt, der auf jeder Seite eine Inschrift in Form eines Chronogramms trägt: eXVrgens sYLVIs IgnIs CoMbVssIt et aeDes ("Aus den Wäldern hervorlodernd, brannte das Feuer auch das ganze Haus nieder") in Erinnerung an den Brand von 1681 (MDCLXVVVIIIIII = MDCLXXXI) und: ast aLIa eXtrVItVr CoMbVsta tVtIor aeDes ("Aber ein anderes Haus wurde gebaut, sicherer als das niedergebrannte") als Hinweis auf das Jahr 1683 (MDCLXVVVVIII = MDCLXXXIII), das Jahr des Wiederaufbaus.

Über der Eingangstür der Engelskapelle, befindet sich das teilweise mutwillig zerstörte Wappen des Erzherzogs Leopold von Österreich (1586-1632), Fürstbischof von Passau im Jahr 1598 und anschließend von Straßburg von 1608 bis 1625, sowie eine Inschrift in Form eines Chronogramms: restItVta In anno DoMInI IesV ChrIstI, welche auf das Jahr ihrer Restaurierung, 1617 (MDCVVIIIIIII = MDCXVII), hinweist. Im gleichen Jahr wurde, ebenfalls auf Betreiben Leopolds von Österreich, die Kirche des Jesuitenkollegiums in Molsheim fertig gestellt.

In der Engelskapelle befindet sich in Höhe der Rundbogenfriese unter dem Gesims, ein weiteres Chronogramm: "haeC ang. ConseC. aeDes eX Labore sIX fratrVm renoVata" (MDCCCLXXVVI = MDCCCLXXXI). Die leerstehende Engelskapelle wurde im Jahr 1858 unter der Leitung von Nicolas Schir (1794-1864) restauriert und für den Gottesdienst freigegeben. Im Jahr 1881 wurde sie erneut restauriert, dank der Arbeit von sechs Brüdern, wie in dieser Inschrift angegeben.

Die Mosaike in der Engels- und Tränenkapelle wurden 1935-1936 von den Mosaikkünstlern Alphonse Gentil (1872-1933) und François Eugène Bourdet (1874-1952), nach Zeichnungen von R.M. Aubry und Vorlagen von Franc Danis ausgeführt.

19 Das Kreuz mit dem Herzen von Monseigneur Charles Ruch

Hinter der Tränenkapelle, zur Ebene hin und neben den in den Fels gehauenen Gräbern, befindet sich seit 1946 ein Kreuz, welches das Herz von Mgr Charles Ruch (1873-1945), Bischof von Straßburg von 1919 bis 1945, enthält. Gemäß seinem letzten Willen, wurde Mgr Ruch in der Krypta des Straßburger Münsters bestattet, sein Herz ruht jedoch auf dem Odilienberg.

Das bischöfliche Wappen von Mgr Ruch mit seiner Devise "BESOGNONS ET DIEU BESOGNERA" (Hilf dir selbst dann hilft dir Gott) sowie eine Widmung zu Ehren Jesu und der Jungfrau Maria "JHESUS MARIA", befindet sich über der Zugangspforte zum Aussichtstürmchen. Sein Wappen ist auch auf dem Sockel des gnomonischen Denkmals zu sehen sowie auf der schmiedeeisernen Rampe der Haupttreppe.

Im Inneren: der romanische Teil

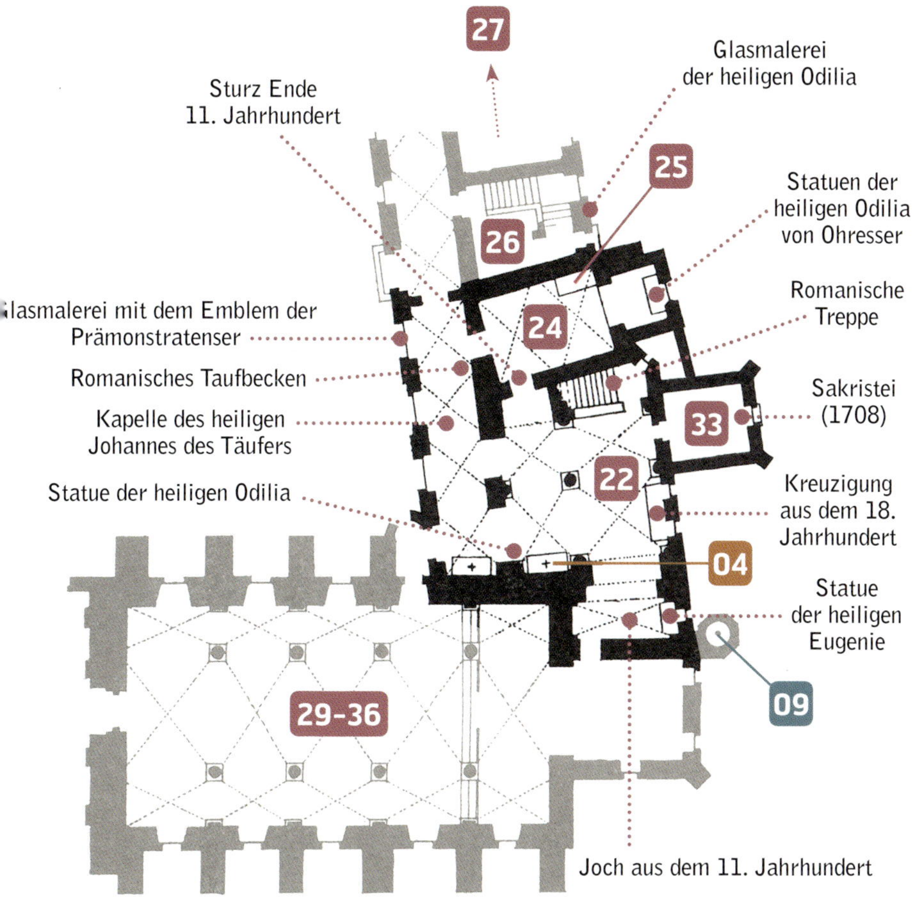

Die ältesten, derzeit sichtbaren Teile des Klosters, reichen zurück in die romanische Epoche, mit einigen seltenen Elementen aus dem 11. Jahrhundert und vor allem Gebäuden aus der zweiten Hälfte des 12. Jahrhunderts, Epoche des Aufschwungs der Abtei von 1150 bis 1195 unter der Leitung der Äbtissinnen Relindis († 1176) und Herrad († um 1195). Die Teile aus dem 11. Jahrhundert sind das Schiff der Odilienkapelle und ein kleines Gewölbefeld zwischen dem Chor der Kirche und der Kreuzkapelle. Die Kreuzkapelle und der Kalvarienbergsaal, welche ihrem Stil zufolge aus der zweiten Hälfte des 12. Jahrhunderts stammen und wahrscheinlich zwischen 1150 und 1176 unter der Leitung der Äbtissin Relindis († 1176) errichtet wurden, sind das schönste Zeugnis der romanischen Baukunst auf dem Odilienberg.

Der romanische Aufschwung: *Hortus Deliciarum*

Das Kloster Hohenburg erlebte im Laufe der zweiten Hälfte des 12. Jahrhunderts mit der Ankunft der Äbtissin Relindis († 1176) um 1150 einen außergewöhnlichen Aufschwung. Umfangreiche Bauarbeiten wurden unternommen, wobei aus dieser Epoche anscheinend der untere Teil der Mauern der Konventkirche, die Kreuzkapelle, die Tränenkapelle und die Engelskapelle stammen. Nach dem Tode von Relindis trat **Herrad, von Landsberg genannt** († um 1195), ihre Nachfolge an. Herrad bat die Prämonstratenser von Etival im Jahr 1178, die Abtei zu versorgen, siedelte sie in Sankt-Gorgon an und gründete um 1180 das Priorat von Truttenhausen. Herrad war die Koordinatorin des berühmten Manuskripts *Hortus Deliciarum* ("Der Wonnen-Garten"), welches 324 Seiten mit zahlreichen Miniaturen umfasste und beim Brand der Stadtbibliothek, während der Bombardierungen im Zuge der Belagerung Straßburgs im Jahr 1870, zerstört wurde.

Die Miniaturen des "Hortus Deliciarum" sind dank Nachahmungen bekannt, sowie insbesondere dank der kolorierten Kopie von C.M. Engelhardt die im Jahr 1818 veröffentlicht wurde.

Eine bemerkenswerte Stele aus dem 12. Jahrhundert, welche wahrscheinlich kurz nach 1176 entstand, befindet sich seit deren Ausbau im Jahr 2006 in der Porterie. Zuvor diente sie als Trennelement zwischen den beiden Türen des Speisesaals Sankt-Leodegar. Sie wurde im Rahmen des romanischen Aufschwungs der Abtei von 1150 bis 1195 (siehe S. 17) errichtet, zusammen mit dem Wiederaufbau nahezu aller Gebäude, unter der Leitung der Äbtissinnen Relindis († 1176) und Herrad, von Landsberg genannt († um 1195), welche ihre Nachfolge antrat. Drei Seitenflächen sind mit Skulpturen verziert: (1) die erste stellt Herzog **Eticho** dar, hier "ETICHO DUX" genannt, der die Schenkungsurkunde der Abtei seiner Tochter Odilia übergibt; (2) auf der zweiten, schmalen Seitenfläche befindet sich der **heilige Leodegar** (um 616-um 677), "S. LEVDGA" (auch Leutgar genannt), Bischof von Autun, welcher damals als Onkel von Bereswinde, Odilias Mutter, galt; (3) auf der dritten Seitenfläche befindet sich schließlich eine Jungfrau mit Kind und langen geflochtenen Zöpfen, und zu ihren Füßen die Äbtissinnen **Relindis**, "RELIND ABBA", und **Herrad**, "HERRAT ABBA", welche die Eigentumsurkunde des Klosters halten und sich ihrem Schutz unterstellen. Während der Französischen Revolution, im Jahr 1793, wurde die Stele mit dem Hammer beschädigt, darunter insbesondere die gekrönten Häupter.

22 Die Kreuzkapelle

Die Kreuzkappelle, stammt ihrem Baustil zufolge, aus der zweiten Hälfte des 12. Jahrhunderts. Wahrscheinlich zwischen 1150 und 1176 unter der Leitung der Äbtissin Relindis († 1176) errichtet, ist sie das schönste Zeugnis der romanischen Baukunst auf dem Odilienberg. Sie wurde zwischen der Konventkirche und der Odilienkapelle, auf einer damals wahrscheinlich unbebauten Fläche, errichtet. Sie verfügt über zwei übereinander gelagerte Geschosse und wird in vier Gewölbefelder durch vier Gurtrundbögen unterteilt, welche kreuzförmig angeordnet sind und die Viertel des Kreuzgewölbes trennen; die Gurtbögen ruhen, in der Mitte, auf einer massiven Säule und, an den Seiten, auf eingebundenen Säulen. In der Kapelle befindet sich der Sarkophag welcher der Überlieferung zufolge als Sarkophag von Eticho, Vater der heiligen Odilia (siehe Nr. 04) erachtet wird. Im ersten Obergeschoss, befindet sich seit 1859 die Klosterbibliothek im Ölbergsaal (für die Öffentlichkeit nicht zugänglich) (siehe Nr. 23).

Die Kreuzkapelle im Jahr 1828. Zeichnung von M. Chapuy, von G. Engelmann, veröffentlicht im herrlichen Werk von M.P.A. de Golbéry und J.G. Schweighaeuser, "Antiquités de l'Alsace". Der ehemalige Altar, auf dem ein von Pater Martin Uhrich (1647-1719) errichtetes Monument aus dem Jahr 1701 ruht, ist auf der linken Seite erkennbar; es wurde vom Direktor Nicolas Schir im Jahr 1854 abgebaut; einige Reste sind aufbewahrt (zur Zeit entlang der südlichen Außenmauer der Konventkirche). Über und seitlich des Altars, befinden sich die gut erhaltenen Skulpturen eines gekreuzigten Christus, der Jungfrau Maria und des heiligen Johannes des Täufers aus dem 18. Jahrhundert. Ein voluminöses Weihwasserbecken, ebenfalls von N. Schir entfernt, war in eine Vertiefung an der Mittelsäule eingelassen; es befindet sich heute am Eingang der Odilienkapelle.

Die **Mittelsäule der Kreuzkapelle**, mit ihrem massiven zylindrischen Schaft, ist ein bemerkenswertes Beispiel der romanischen Bildhauerkunst aus der zweiten Hälfte des 12. Jahrhunderts. Ihr Kapitell mit breitem Abakus ist mit Palmblattketten verziert und weist an seinen vier Ecken menschliche Gesichter auf, die durch verschlungene Rankenornamente miteinander verbunden sind; jedes Gesicht ist unterschiedlich, glatt oder bärtig; zwei strecken die Zunge heraus. Das Kapitell ähnelt dem von zwei anderen romanischen Säulen, welche derzeit in Itterswiller und in Eichoffen aufbewahrt werden und, aus der Kirche des Augustinerklosters Ittenwiller stammen. Die Basis dieser Säule zeichnet sich durch vier Handpaare aus, die als Atlantenhände interpretiert werden konnten. Künstlerische Ähnlichkeiten bestehen mit der romanischen Stele der heiligen Odilie (siehe Nr. 21) sowie den Skulpturen der romanischen Kirche in Rosheim.

23 Der Kalvarienbergsaal und die Bibliothek

Im ersten Stock der Kreuzkapelle, befindet sich ein Raum, der gleichzeitig mit der Kapelle in der zweiten Hälfte des 12. Jahrhunderts errichtet wurde und den Namen Kalvarienberg- oder Ölbergsaal aufgrund verschwundener Malereien trägt, welche die Leidensgeschichte Christi darstellten und unter der Leitung der Prämonstratenser ausgeführt worden waren.

Bleistiftzeichnung von Louis Laurent-Atthalin (1818-1893) aus dem Jahre 1836.

Im Jahr 1859, wurde dieser Saal restauriert und vom Generalvikar N. Schir in eine **Bibliothek** umgebaut. Alle Bücher der Abtei der Prämonstratenser waren während der Revolution beschlagnahmt worden. Die ehemalige Bibliothek umfasst ungefähr gedruckte 2000 Bände, darunter 10 Bücher aus dem 15. Jahrhundert (Wiegendrucke, 1452 entstand die Druckerei), 148 Bücher aus dem 16. Jahrhundert, und 177 Bücher aus dem 17. Jahrhundert. Dieser Saal liegt neben einen heute fensterlosen und in Vergessenheit geratenen Raum mit einem Geheimgang, den man sich, im Jahr 2001-2002, für einen umfangreichen Raub alter Bücher zu Nutze machte. Die Aufklärung des Raubes gestaltete sich schwierig und ging durch alle Medien.

Briefe des heiligen Hieronymus (Lyon, 1513).

Buch von J. Eck (Ingolstadt, 1530).

Die Odilienkapelle, früher Johanniskapelle genannt, wurde anscheinend an der Stelle eines Sakralbaus errichtet, welcher seit der Entstehung der Abtei im 7. Jahrhundert existierte. Sie wurde um das Grab der heiligen Odilia († 720) herum gebaut, das sich wahrscheinlich immer hier befunden hat. Derzeit umfasst die Odilienkapelle ein romanisches Schiff aus dem 11. und 12. Jahrhundert und einen gotischen Chor aus dem 14. Jahrhundert, welcher wahrscheinlich um 1354 anlässlich des Besuchs von Kaiser Karl IV. ausgeführt wurde. Der Kaiser war gekommen um Reliquien der Heiligen zu entnehmen, die bis heute in Prag aufbewahrt werden. Die Täfelung im Renaissance-Stil wurde von den Prämonstratensern um 1700 ausgeführt. Sieben Ölgemälde auf Holz aus dem 18. Jahrhundert, veranschaulichen die wichtigsten Episoden aus Odilias Leben. Diese anonymen Werke wurden oft, scheinbar zu Unrecht, Johann Georg Tanisch (oder Daniche) (1705-1775) zugeschrieben.

Eine kleine Statue der heiligen Odilia, aus getriebenem Silber, ausgeführt von Charles Ohresser im Jahr 1939-1945, ziert den Altar der Odilienkapelle.

◀ Ansicht aus dem Jahre 1828. Lithographie in "Antiquités de l'Alsace" von M.P.A. de Golbéry und J.G. Schweighaeuser.

25 Die Grabstätte und Reliquien der heiligen Odilia

Die Odilien-Grabstätte behielt bis 1937 merklich das Aussehen bei, das ihr der Bildhauer François Alexis Fransin im Jahr 1696 verliehen hatte, der zur gleichen Zeit für das Straßburger Münster arbeitete. Sie wurde von zwei Statuen überragt, nämlich einer Statue der heiligen Odilia und einer Engelsstatue, die heute im Kloster an anderer Stelle aufgestellt sind (siehe Nr. 28). Die Grabstätte wurde 1937 in umfangreichem Maße vom Architekten Robert Danis (1879-1949) umgestaltet. Sie besteht aus einer Mischung alter und zeitgenössischer Elemente. Der Originalsarkophag, welcher seit 1937 die Reliquien der heiligen Odilia enthält, ist über drei mit Kunstschmiedewerk abgeschlossene Öffnungen erkennbar. Auf einem Bronzeschild steht: SEPULCRUM SANCTAE ODILIAE VIRGINIS ("Grabstätte der Heiligen Jungfrau Odilia").

Photographie der Grabstätte um 1950.

Reliquien auf dem Odilienaltar um 1920.

Sarkophag aus Kalkstein vermutlich aus dem 8. Jahrhundert.

Reliquienschrein aus dem Jahre 1854 (in heutigem Zustand).

26 Die Ehrentreppe

In der Galerie des Kreuzgangs, neben der Odilienkapelle, gibt eine schwere Tür aus Metall und Glas Zugang zur Ehrentreppe des Klosters. Im Gegensatz zu dem, was ihr Stil vermuten lassen könnte, stammt sie nicht aus dem 17. oder 18. Jahrhundert, nämlich der Zeit der Prämonstratenser, sondern wurde vom Architekten Robert Danis (1879-1949) vollständig umgestaltet.

Im großen Fenster der Ehrentreppe befindet sich eine **Glasmalerei**, welche die heilige Odilia darstellt, die im Jahr 1862 von Jean Baptiste Petit-Gérard (1811-1871) realisiert und von Philippe Deisz aus Hagenau gestiftet wurde. Es befand sich ursprünglich im Chor der Odilienkapelle (siehe Nr. 25) bevor es ohne seine neugotische Umrahmung hier angebracht wurde.

Glasmalerei aus dem Jahr 1862.

Die Kapelle Sankt-Attala und Sankt-Eugenia

Diese Kapelle wurde im Jahr 2006 im Speisesaal, welcher das ehemalige überwölbte Refektorium des Prämonstratenser Klosters einnahm, eingerichtet. Im Jahr 1870, beim Abriss einer Mauer wurde ein Querträger aus Eisen entdeckt, der auf jeder Seite eine Inschrift in Form eines Chronogramms trägt, die an den Brand von 1681 erinnert und 1683 als Jahr des Wiederaufbaus durch die Prämonstratenser angibt (siehe Nr. 17).

Photographie des Speisesaals der Pilger um 1910.

Die Jahreszahl 1685, das Jahr des Endes des Wiederaufbaus dieses Teils des Klosters, wird angegeben durch die Zahlen 1, 6, 8, und 5, die auf vier Kragsteinen der Gurtbögen des Gewölbes eingemeißelt sind. Die in Holz geschnitzte **Statue der heiligen Odilia** wurde 1925 für die Felsenkapelle erstellt und vertrat das Elsass bei der Internationalen Kunstgewerbeausstellung in Paris (siehe Nr. 40).

28 Die Statuen von Fransin (1696)

Die Statuen der heiligen Odilia und eines Engels aus vergoldetem, versilbertem und bemaltem Sandstein, wurden wahrscheinlich im Jahr 1696 von François Alexis Fransin, einem Bildhauer des Königs und Mitglied der Straßburger Zunft der französischen Schreiner, der ebenfalls Schöpfer eines Hochaltars der Abteikirche Andlau war, ausgeführt. Diese Statuen sollten ursprünglich die Oberseite von Odilias Grabstätte schmücken, wo sie bis zu den Umbauarbeiten durch R. Danis im Jahr 1937 standen. Die Statue der heiligen Odilia war Inspiration für die Statue aus dem 19. Jahrhundert in der Kreuzkapelle (siehe Nr. 22). Die Statuen, die im Lauf der Geschichte an verschiedenen Orten standen, befinden sich zurzeit im Kreuzgang nahe der Haupttreppe.

Ansicht von Odilias Grabstätte aus dem Jahr 1781.
Kupferstich von J.M. Weiss nach einer Zeichnung von J.A. Silbermann.

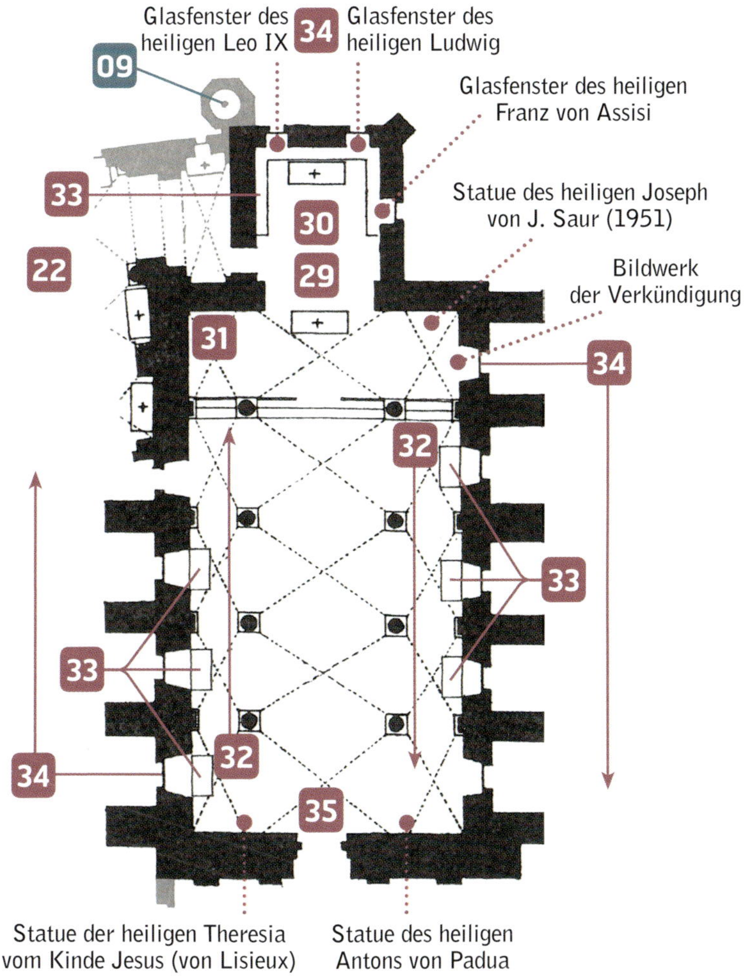

Die Innenaufteilung der Kirche entspricht dem Bautyp einer Hallenkirche mit drei Schiffen von nahezu gleicher Höhe, deren Gewölbe auf zwei Reihen von jeweils vier toskanischen Säulen ruht. Dieses Aussehen geht auf die Arbeiten zum Wiederaufbau der Kirche zurück, die von den Prämonstratensern von 1684 bis 1692 unternommenen wurden, und bei denen lediglich die alten Außenmauern beibehalten wurden. Am Gewölbeschlussstein des Chorbogens ist die Jahreszahl 1692 eingemeißelt, und in kleineren Zahlen, genau darunter, die Jahreszahl 1854, nämlich das Jahr der Restaurierungsarbeiten an der Kirche unter der Leitung des Direktors Nicolas Schir (1794-1864), kurz nach dem Rückkauf durch das Bistum im Jahr 1853.

29 Der Chor und der Hauptaltar der Basilika

Der nach Osten ausgerichtete Chor im hinteren Teil der Konventkirche ist den Geistlichen und Ordensbrüdern vorbehalten. Der Hauptaltar besteht aus einem herrlichen aus Holz geschnitzten Ensemble aus dem 18. Jahrhundert mit einer Statue der Jungfrau und Kind, der Schutzheiligen der Konventkirche. Der Altar aus blauem weißgeädertem Marmor wurden von 1945 bis 1947 unter der Leitung des Architekten Robert Danis (1879-1949) nach Marmorfragmenten des Hauptaltars von 1774, welche im Museum des Klosters aufbewahrt wurden, ausgeführt. Mit der liturgischen Reform von Vatikan II, wurde der Altar in die Mitte des Chors vorverlegt. Die von den Prämonstratensern eingerichteten Täfelungen und das Gestühl des Chors aus Eichenholz, stammen aus dem Jahr 1708 (siehe Nr. 33). Rechts befinden sich zwei für eine Basilika typische Einheiten: ein *Ombrellino* (= bischöflicher Pavillon = Gonfalon) und ein *Tintinnabulum*.

Der Hauptaltar 1890, auf einer Photographie aus dem Jahr 1

Das Allerheiligste Sakrament, der Tabernakel, die Monstranz, und die Ewige Anbetung

Die Eucharistie wird auch als das Allerheiligste Sakrament bezeichnet. Dieses Sakrament nimmt einen zentralen Platz in der christlichen Religion ein. In der katholischen Messfeier, kommen das Gedächtnis und das Wiedererleben des Opfer Christi durch die Weihe von Brot (Hostie) und Wein (in einem Kelch) zum Ausdruck. Sie versinnbildlichen Leib und Blut Christi (Transsubstantiation) und werden an die Gläubigen während der Kommunionfeier ausgeteilt. In Erweiterung bezeichnet das Allerheiligste Sakrament die geweihte Hostie. Auf dem Hauptaltar befindet sich ein kleiner goldener Behälter, der Tabernakel, der heiligste Teil der Kirche, da er die geweihten Hostien beinhaltet, die in einem vasenähnlichen Gefäß aufbewahrt werden, dem mit einem Deckel verschlossenen Ziborium. Über dem Tabernakel, stützen zwei Engel mit ihren ausgestreckten Armen eine Krone, die eine Art Baldachin für das heilige Sakrament darstellt.

Die Monstranz wurde 1931-1932 vom Goldschmied Edmond Becker (geboren in Neuwiller-les-Saverne und in Paris arbeitend) in Anlehnung an eine vom "Hortus Deliciarum" der Herrade von Landsberg (siehe Nr. 20) inspirierten Komposition ausgeführt. Der Schaft besteht aus einer kleinen Elfenbeinstatue der heiligen Odilia, die mit ihrer rechten Hand auf die heilige Hostie verweist, die sich in einem kleinen Fenster in Form eines brennenden Herzens befindet.

Eine Ewige Anbetung, "Laus perennis", eingeführt unter der Amtszeit von Mgr Charles Ruch (siehe Nr. 19), wird seit 1931 im Sankt-Odilien-Kloster ausgeführt.

31 Der Seitenaltar der heiligen Odilia

Der linke Seitenaltar, welcher der heiligen Odilia geweiht ist, wurde vom Architekten Robert Danis von 1945 bis 1947 umgestaltet. Die Statue der heiligen Odilia über dem Altar wurde 1892 vom Colmarer Bildhauer Théophile Klem (1849-1923) ausgeführt; sie diente als Modell für zahlreiche Heiligenbilder (nicht zu verwechseln, Théophile Klem ist nicht verwandt mit Alfred Klem, dem Schöpfer der Monumentalstatue der heiligen Odilia im Jahr 1923-1924, die das Aussichtstürmchen überragt, siehe Nr. 10.).

Wandmalerei von Martin Feuerstein (1856-1931), aus dem Jahr 1900, die sich auf der linken Seite des Seitenaltars der heiligen Odilia befindet. M. Feuerstein, in Barr geboren, war Lehrer für religiöse Malerei an der Kunstakademie München von 1898 bis 1923. Von einer Miniatur des "Hortus Deliciarum" inspiriert, stellt sie die Gründung des Klosters dar, mit Eticho, der seiner Tochter Odilia das Modell der Kirche überreicht.

Der Kreuzweg von Charles Spindler 32

Die vierzehn Bilder des Kreuzwegs wurden 1933-1934 von Charles Spindler (1865-1938) in Intarsien ausgeführt. Aus Boersch stammend und an den Kunstakademien in Düsseldorf, München und Berlin ausgebildet, ließ er sich in der alten Sankt-Leonhard-Abtei, am Fuße des Odilienbergs, nieder, wo er großes Ansehen genoss. Sein Sohn Paul Spindler (1906-1980), besuchte nach seinem Studium der Malerei, der Bildhauerei und der Kunstschlosserei an der Kunstgewerbeschule in Straßburg, regelmäßig das Atelier des badischen Malers Lothar von Seebach (1853-1930) und setzte die Tradition der Intarsienkunst seines Vaters fort. Er fertigte in Intarsientechnik, die Bilder der heiligen Bereswinde, der heiligen Eugenia, und der heiligen Gundelinde, für das Sankt-Odilien-Kloster an. Die Tradition wird von seinem Sohn Jean-Charles Spindler (geboren 1948), der den Familienbetrieb 1975 übernahm, weitergepflegt. Von ihm stammt das Bild von 2006 zum Andenken an die Ernennung der Konventskirche zur pontifikalen Basilika.

Jesus die weinenden Frauen tröstend: "JESUS CONSOLATUR PLORANTES MULIERES" (Station VIII).

Jesus, das Kreuz tragend: "JESUS BAIULAT CRUCEM" (Station II).

Das Gesicht Jesu, auf Veronikas Schweißtuch abgezeichnet: "JESUS FACIEM IN VELO VERONICAE IMPRIMIT" (Station VI).

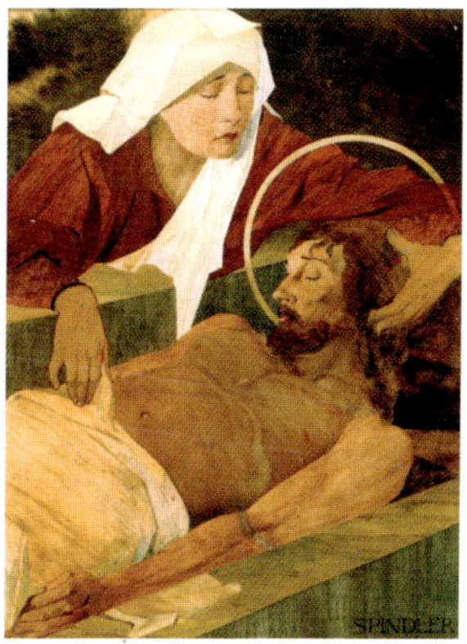

Jesus ins Grab gelegt: "JESUS IN SEPULCRO DEPONITUR" (Station XIV).

33 Die Holzvertäfelungen der Prämonstratenser

Ein außergewöhnliches Holzensemble aus dem 18. Jahrhundert, entstand zur Zeit der Prämonstratenser. Es besteht aus den Täfelungen und dem **Chorgestühl** sowie dem Mobiliar der **Sakristei** aus dem Jahr 1708 (siehe unten) und den Beichtstühlen (nebenstehend).

Sechs herrliche **Beichtstühle** sind im Schiff der Kirche aufgestellt; von welchen einer die Jahreszahl 1700 trägt. Sie waren ursprünglich weiß gestrichen und mit Gold verziert, wie es im Barockstil üblich war. Die korinthischen Pilaster mit pfeilgefüllter Kannelierung, sind typisch für das Kirchenmobiliar im Louis-XIV-Stil. Der herausgearbeitete Hauptsims ist mit Zahnschnitten verziert und ähnelt dem Hauptsims des Meisterschranks der Straßburger Zunft der französischen Schreiner aus dem Jahr 1706. Sie gelten als die schönsten Beichtstühle des Elsass und wurden aller Wahrscheinlichkeit nach von französischen Schreinern hergestellt, die am Straßburger Münster im Stab von Claude Bourdy, in dem insbesondere Jacques Bergerat arbeitete, mitwirkten.

34 Die Glasmalereien

Die **Glasmalereien des Chors** aus dem letzten Viertel des 19. Jahrhunderts, wurden um 1945-1946 unter der Leitung von Robert Danis umgearbeitet. Sie stellen den heiligen Leo IX. (1002-1054) dar, Bruno von Egisheim-Dabo, Papst von 1049 bis zu seinem Tod; den heiligen Ludwig (1215-1270), König von Frankreich von 1226 bis 1270 (Ludwig der IX); sowie den heiligen Franz von Assisi (1182-1226).

Der heilige Leo IX.

Der heilige Ludwig.

Der heilige Franz von Assisi.

Unter den anderen Glasmalereien, zeigen die um 1937-1938 entstandenen Bilder in der Kapelle des heiligen Johannes des Täufers, ein kreisförmiges Medaillon mit einer Monstranz und zwei Lilien, Emblemen der Prämonstratenser.

Die **Glasmalereien des Kirchenschiffs** wurden um 1946 von der Firma Ott aus Straßburg hergestellt, nach Vorlagen von Franc Danis, der ebenfalls Schöpfer der Vorlagen für die Mosaike der Tränenkapelle und der Engelskapelle war (siehe Nr. 18). Sie bilden einen chronologischen Ablauf gemäß des Alten und des Neuen Testamentes und stellen vor allem das Leben der Jungfrau Maria und Jesu dar. Sie müssen ab dem ersten Fenster rechts vom Kirchenschiff aus betrachtet werden, in Richtung Eingangstür der Basilika, dann weiter auf der linken Seite nach vorne (das heißt im Uhrzeigersinn vom Kirchenschiff aus).

Jedes der 9 großen Fenster besteht aus 3 Bildern, insgesamt 27 Bilder:

1. Jungfrau mit Kind, zu ihren Füssen die Äbtissinnen Relinde und Herrade (Szene inspiriert von einer Abbildung auf der romanischen Stele, siehe Nr. 21).
2. Genealogie von Christus.
3. Judith und Holofernes.
4. Das Festmahl der Esther.
5. Mariä Geburt.
6. Mariä Tempelgang.
7. Wiedersehen von Anne und Joachim an der goldenen Pforte (oder eventuell die Begegnung von Maria und Joseph).
8. Mariä Heimsuchung.
9. Verkündigung der Geburt Christi.
10. Reise von Nazareth nach Bethlehem.
11. Geburt Christi und Anbetung durch die Hirten.
12. Die Heiligen Drei Könige.
13. Darbringung Jesu im Tempel. ➤
14. Flucht nach Ägypten. ➤
15. Ruhepause auf der Flucht und das Palmenwunder. ➤
16. Jesus und die Gelehrten.
17. Jesus und Maria.
18. Die Hochzeit von Kanna.
19. Jesus und Maria während der Passion.
20. Jesus, Christus auf dem Kreuz.
21. Lamentation.
22. Versammlung der Apostel.
23. Pfingsten.
24. Tod der Jungfrau Maria.
25. Mariä Himmelfahrt.
26. Krönung der Jungfrau Maria.
27. Verherrlichung der Jungfrau Maria.

Die Orgeln

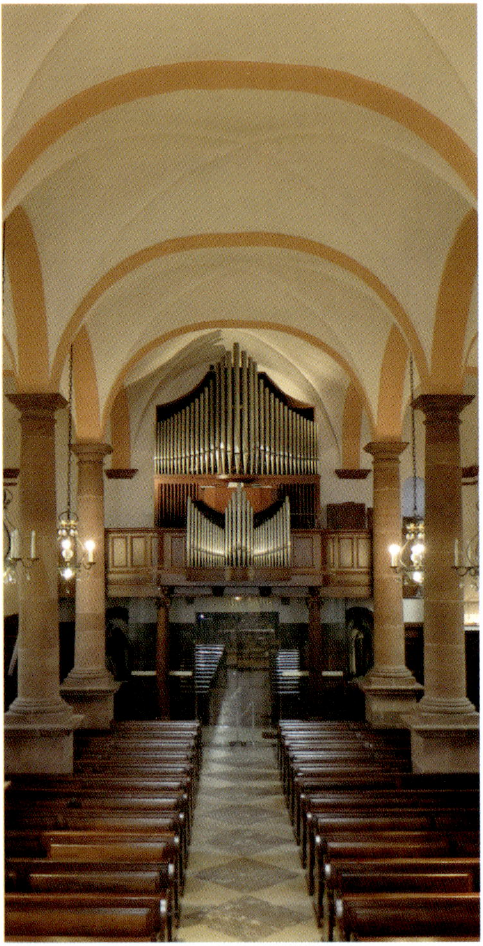

Die Orgel aus dem Jahr 1964 wurde von Max Roethinger (1897-1981) gebaut. Im Jahr 1862, wurde die Orgelnische, auf der eine Orgel von J. Stiehr (1792-1867) stand, errichtet. Sie wurde 1907 abgebaut und 1909 in Gundershoffen verlegt. Die Konvent-kirche wurde danach mit einer Orgel von F. Kriess (1850-1937) ausgestattet, die im Jahr 1962 in die Region von Arras verlegt wurde.

Positiforgel aus dem 18. Jahrhundert mit Elementen des berühmten Orgelbauers Johann Andreas Silbermann (1712-1783). Ihre Herkunft ist ungewiss, sie könnte für die Kirche in Barr gebaut worden sein. Im Jahr 1931 von Roethinger umfassend restauriert, wird sie seit 1950 auf dem Odilienberg aufbewahrt. Sie wurde 1984 von J.G. Koenig erhöht und mit einer neuen Zinnfassade versehen.

Der gedrungene Glockenturm der Kirche, im Jahr 1923-1924 errichtet, beherbergt die Glockenkammer sowie den Glockenstuhl. Die **fünf Glocken** wurden im Jahr 1924 von der Firma Causard aus Colmar gegossen. Die Einsegnung der ersten vier Glocken fand am 6. Juli 1924 statt (gleichzeitig mit der Einsegnung der Monumentalstatue der heiligen Odilia auf dem Aussichtstürmchen): *Gekreuzigter Christus und Sankt Leo IX.* (145 cm, wiegt 1850 kg), *Eucharistisches Herz Jesu und Heilige Eugenia* (120 cm, 1150 kg), *Jungfrau Maria in Ihrer Himmelfahrt und Heilige Attala* (105 cm, 760 kg), *Heilige Engel und Heilige Gundelinde* (95 cm, 575 kg). Die größte Glocke oder Bourdon-Glocke, *Göttliche Dreieinigkeit und Heilige Odilia* getauft (200 cm, 5003 kg), wurde am 11. Dezember 1924 eingesegnet. Das **Glockenspiel** bestehend aus 25 Glocken und Glöckchen, von der Firma Causard gegossen, stammt aus dem Jahr 1934.

37 Das Wappen von Hohenburg

Das Wappen, welches an die ehemalige Abtei von Hohenburg erinnert und das an vielen Orten des Klosters zu sehen ist, wurde erst in den 1930er Jahren geschaffen. In einer Raute, durchkreuzt von einem Patriarchen- oder Lothringerkreuz, ist die Fassade der romanischen Abteikirche mit zwei Türmen, nach einer Miniatur des *Hortus Deliciarum* abgebildet. Im oberen Winkel der Raute, in einem Dreieck welches die Dreieinigkeit symbolisiert und Lichtstrahlen aussendet, sieht man ein Auge, Attribut der heiligen Odilia.

Detailansicht der schmiedeeisernen Haupttreppe.

Gemaltes Wappen im Pilgersaal.

Geschnitzter Sturz im Ehrengebäude (Saal Sankt-Leodegar).

Glasmalerei der Kapelle des heiligen Petrus (im ersten Obergeschoss des romanischen Teils, dem Publikum nicht zugänglich).

Das Sankt-Odilien-Kloster wird seit 1853, von einem Diözesen-Pfarrer, unterstützt von einem Kaplan und Ordensschwestern, geleitet. Von 1853 bis 1889, gehörten sie der Kongregation der Barmherzigen Franziskanerschwestern von Reinacker an, von 1889 bis 2015, der Kongregation des Heiligen Kreuzes, welche im Jahr 1848 von Adele von Glaubitz (1797-1858) gegründet wurde und deren Mutterhaus in Straßburg liegt.

Seit Juni 2015 werden der Dienst in der Konventkirche und der Wallfahrt von den Schwestern der Sankt-Markus Kongregation in Geberschweier verrichtet.

Die erste Mutter Oberin Odile Mengus (1807-1894). Gemälde in der Ehrentreppe.

Die Schwestern vom Heiligen Kreuz im Jahre 1911.

Der Kreuzweg von Léon Elchinger 39

Der monumentale Kreuzweg, welcher mit 14 Stationen die Felswände der Klosterplatte schmückt, wurde von 1933 bis 1935 vom Keramiker Léon Elchinger (1871-1942) aus Soufflenheim ausgeführt, dem Vater von Léon-Arthur Elchinger (1908-1998), des zukünftigen Straßburger Bischofs (von 1967 bis 1984). Léon Elchinger hat 1936 auch die Statuen der Jungfrau Maria und der heiligen Bernadette für die Lourdes-Grotte auf dem Odilienberg geschaffen.

Zeichnungen von Léon Elchinger (Stationen I, III, VIII, XII).

40 Die Stätte der früheren Felsenkapelle

Die im Jahr 1925 zur Vertretung des Elsass bei der Internationalen Kunstgewerbeausstellung in Paris gebaute Felsenkapelle, auch als Künstlerkapelle oder Odilia Waldrast bezeichnet, wurde auf dem Odilienberg anschließend erneut aufgebaut und an Fronleichnam 1927 eingeweiht. Vom Architekten Paul Gelis entworfen, beteiligten sich zahlreiche Künstler und Handwerker aus der Region am Bau dieser Kapelle. Die dafür angefertigte Statue der heiligen Odilia befindet sich zurzeit in der Kapelle der heiligen Attala (siehe Nr. 27). Sie wurde kurz nach 1970 wegen Baufälligkeit abgerissen, da sie den Witterungseinflüssen sowie mutwilligen Zerstörungen ausgesetzt war. Die Überreste der steinernen Grundmauer der Kapelle und der Zugangstreppen, sind noch auf dem Felsen zu erkennen, welcher die zum Parkplatz des Klosters führende Straße in Höhe des "Römertors" überragt.

Die Felsenkapelle um 1950.

Illustration von Paul Kauffmann (1849-1940), erschienen im Werk "Ste Odile, patronne de l'Alsace" (3 Seiten, 12 Abbildungen, s.l.n.d.). Bannertragende Pilger in traditioneller Elsässer Tracht machen Halt an der Quelle um sich zu erfrischen und Krüge, Flaschen und Flacons zu füllen.

41 Die Odilienquelle

Die Odilienquelle oder der Odilienbrunnen, liegt ungefähr zehn Minuten zu Fuß unterhalb des Klosters. Die Legende besagt, dass die heilige Odilia diese Quelle entspringen ließ, indem sie mit ihrem Stab auf den Fels schlug, um einen vor Müdigkeit und Durst erschöpften Mann zu stärken.

Zeichnung von Frédéric Théodore Lix (1830-1897), auf Holz geschnitten von A. Kohl, veröffentlicht 1889.

Photographie um 1905.

Die Quelle ist eine wichtige Etappe der traditionellen Wallfahrt zum Odilienberg. Ihr Wasser ist dafür bekannt, Augenkrankheiten zu heilen, da die von Geburt an blinde Odilia bei ihrer Taufe ihr Augenlicht wiedererlangte. Entgegen eines weitverbreiteten Glaubens ist das Quellwasser kein Weihwasser, dazu bedarf es einer speziellen Segnung.

42 Das Tal von Niedermünster

Im Tal von Niedermünster liegen die Ruinen der Abtei Niedermünster und die Nikolauskapelle, die beide seit 1846 unter Denkmalschutz stehen. Auf einer Luftaufnahme des Tals von Osten (unten) sieht man rechterhand den Gipfel und das Kloster des Odilienbergs (763 m); in der Mitte, die Wiesen mit den Ruinen des Klosters von Niedermünster und die Nikolauskapelle; links, den Gipfel des Bloss (823 m), und an seinem Fuß das Sankt-Jakobs-Haus in dessen Nähe sich die Ruinen einer gleichnamigen Kapelle befinden.

Die Nikolauskapelle stammt aus dem 12. Jahrhundert. Sie war seit der Französischen Revolution verfallen und wurde 1848-1850 vom Architekten E. Cron unter der Leitung von Emile Boeswillwald (1815-1896), dem leitenden Architekten des Amtes für Denkmalschutz, vollständig wiederaufgebaut.

Die **Abtei Niedermünster** soll von Odilia um 700 gegründet worden sein. Am Fuße des Odilienbergs, in 511 m Höhe errichtet, war das "Untere Kloster" leichter zu erreichen und besaß ein Hospiz, um die Pilger zu beherbergen. Die Klöster Hohenburg und Niedermünster trennten sich im frühen 11. Jahrhundert. Die Abteikirche, der Jungfrau Maria geweiht, wurde von 1150 bis 1180 unter der Leitung der Äbtissin Edelinde errichtet; ungefähr 57 m lang und 20 m breit, zeichnet sie sich durch ein Kirchenschiff mit sechs Gewölbefeldern aus. Im Mittelalter wurde Niedermünster zu einem berühmten Wallfahrtsort und stellte Hohenburg eine Zeit lang in den Schatten. Nach einem Brand im Jahr 1542, sowie einem weiteren im Jahr 1572, wurde das Kloster aufgegeben und verfiel endgültig. Die Ruinen der Abtei Niedermünster wurden vom Bistum Straßburg im Jahr 1895 erworben.

Ansicht der von Felix Wolff durchgeführten Ausgrabungen, um 1904.

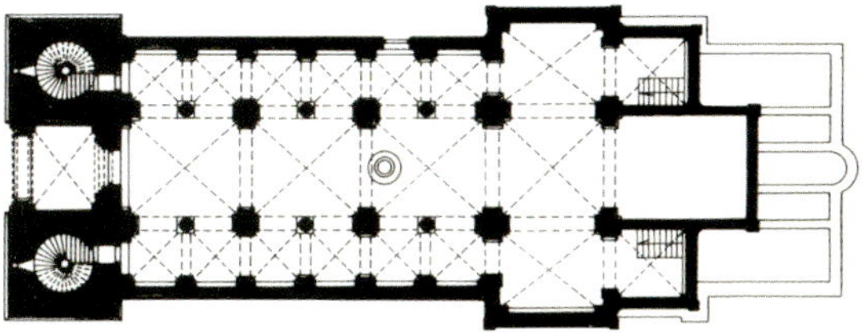

Plan der Abteikirche nach F. Wolff, 1904 veröffentlicht.

Dankwort

Die Autoren danken den Chorherren Charles Diss und Daniel Perrin sowie Vater Jérôme Hess, ehemalige Direktoren, und dem Chorherrn Patrick Koehler, Rektor der Basilika und Direktor der Wallfahrt auf dem Odilienberg, für den herzlichen Empfang und die bewilligten außergewöhnlichen Arbeitsbedingungen.

Texte: Jean-Marie Le Minor und Alphonse Troestler
Photographien: Jean-Marie Le Minor
Alte Ikonographien: J.M. Le Minor Sammlung
Luftaufnahmen und Pilot J.M. Le Minor
Layout: Damien Schitter, Philippe De Melo und Jean-Marie Le Minor

zur Vertiefung:
"Le Mont Sainte-Odile", 160 pages, I.D. l'Édition
(ISBN 978-2-367010-68-7)

I.D. L'Édition
9, rue des Artisans - 67210 Bernardswiller - France
Tél. 0033 3 88 34 22 00 - Fax: 0033 3 88 34 26 26
id.edition@wanadoo.fr - www.id-edition.com

ISBN : 978-2-367010-72-4
2. Trimester 2019 - Gedruckt in der EU